NOSSA SENHORA!

CAROLINA CHAGAS

NOSSA SENHORA!

Ilustrações de Rica Ramos

PUBLIFOLHA

Coordenação editorial e edição: Bruno Zeni
Assistência editorial: Rodrigo Villela
Produção gráfica: Soraia Pauli Scarpa
Projeto gráfico e capa: Rita da Costa Aguiar
Ilustrações: Rica Ramos
Editoração eletrônica: Rita da Costa Aguiar
Preparação de textos: Bruno Zeni
Revisão: Graziela Marcolin e Camila Kintzel

Dados Internacionais de Catalogação na Publicação (CIP)
(Câmara Brasileira do Livro, SP, Brasil)

Chagas, Carolina
Nossa Senhora! / Carolina Chagas; ilustrações de Rica Ramos. – São Paulo : Publifolha, 2006.

Bibliografia.
ISBN 978-85-7402-752-4

1. Maria, Virgem Santa - Aparições e milagres 2. Maria, Virgem, Santa - Culto I. Ramos, Rica. II. Título.

06-6641 CDD- 232.91

Índices para catálogo sistemático:
1. Nossa Senhora : Culto : História : Religião 232.91
2. Virgem Maria : Culto : Teologia dogmática cristã 232.91

4º reimpressão

As orações publicadas neste livro foram recolhidas de diversas fontes da tradição popular e respeitam, em seu texto e conteúdo, a maneira como os devotos as utilizam, incorporando a oralidade das preces e certas construções gramaticais características.

PUBLIFOLHA

Divisão de Publicações do Grupo Folha
Al. Barão de Limeira, 401, 6º andar,
CEP 01202-900, São Paulo, SP
Tel.: (11) 3224-2186/2187/2197
www.publifolha.com.br

Para João, João Francisco e João Henrique

SUMÁRIO

PREFÁCIO

Figura feminina mais importante da Igreja Católica, Maria, mãe de Jesus Cristo, é venerada desde os primórdios do cristianismo. Graças ao fervor de seus devotos, as principais passagens de sua vida e suas características mais fortes – a Anunciação, a concepção imaculada, o papel de guia e auxiliadora de Jesus menino, entre outras – foram traduzidas em imagens e viraram tema central de orações e igrejas. Estátuas encontradas em situações diversas inspiraram orações, produziram milagres e ganharam novos templos. No passado, jovens – principalmente européias – tiveram visões inexplicáveis da Mãe de Deus. Sua aparição, de alguma forma, sempre convenceu um grande número de pessoas. Cristãos aflitos e desesperados também recorreram a ela em ocasiões difíceis e foram abençoados. Por tudo isso, Maria ou Nossa Senhora tem mais de 2 mil denominações diferentes em todo o mundo e é reverenciada com festas, romarias, escapulários, imagens, rosários, santinhos e orações.

Apresentamos aqui quarenta histórias de invocações da santa. Todas têm alguma ligação com o Brasil. Aparecem em ordem alfabética e vêm sempre acompanhadas de oração que, feita com fé, torna mais fácil o caminho de realização das graças. Essas orações foram testadas e aprovadas por pelo menos um devoto fervoroso. Os fiéis nos lembram que Maria não realiza pedidos, somente Deus. Mas Maria é a primeira a ser ouvida por Ele, que faz todas as vontades dela.

ORAÇÃO

Ó Senhora da Abadia, aqui estão os vossos filhos que, cheios de gratidão, vieram vos agradecer. Agradecer o dom da vida; agradecer o dom da fé; agradecer a vida divina; agradecer a vida de família e de amizades; agradecer a vida da Igreja; agradecer os cem anos de celebração desta festa. Estes vossos filhos, Senhora e Mãe, vieram também pedir e suplicar: Olhai, ó Mãe, estes vossos filhos e suas famílias. [Fazer o pedido.] Fazei, ó Mãe e Rainha, com que estes vossos filhos sejam testemunhas das verdades libertadoras anunciadas no Evangelho de vosso filho Jesus, realizando o seu reino também na Terra. Ó Mãe, estes filhos querem gozar um dia de vossa presença na glória do Céu, onde de corpo e alma estais com o Pai, reinais com vosso filho Jesus e viveis com o Espírito Santo. Amém.

NOSSA SENHORA
DA ABADIA

O culto a Nossa Senhora da Abadia começou em um convento próximo à cidade de Braga, em Portugal, antes do ano 1000. Alguns séculos mais tarde, naquela mesma cidade, eremitas foram atraídos por uma luz que vinha do alto de um morro. Admirados, descobriram ali a imagem da santa e construíram uma pequena capela, ao lado da qual passaram a morar. Sabendo do que ocorrera na comunidade, o arcebispo de Braga mandou construir melhores instalações para os eremitas e também para a imagem iluminada. No Brasil, a veneração a Nossa Senhora da Abadia popularizou-se durante o Ciclo do Ouro, no século 18. No Triângulo Mineiro, especialmente em Uberaba, a festa em homenagem à santa, comemorada no dia 15 de agosto, é uma das mais concorridas e atrai um número incontável de fiéis, que ali comparecem para agradecer as graças alcançadas com a ajuda dessa Nossa Senhora.

ORAÇÃO

Virgem Santíssima, Mãe de Deus e nossa Mãe Achiropita, volvei o vosso olhar piedoso para nós e para as nossas famílias. Através dos séculos, pelos milagres e pelas aparições, mostrastes ser medianeira perene de graças. Tende compaixão das dificuldades em que nos encontramos e das tristezas que amarguram a nossa vida. Vós, coroada Rainha, à direita do Vosso Filho, cheia de glória imortal, podeis auxiliar-nos. Tudo o que está em nós e em volta de nós receba as vossas bênçãos maternais. Ó Rainha Achiropita, prometemos dedicar toda a nossa vida para a honra do vosso culto e o serviço de nossos irmãos. Solicitamos de vossa maternal bondade os auxílios em nossas necessidades e a graça de viver sob a vossa constante proteção, consolados em nossas aflições e livres das presentes angústias. [Fazer o pedido.] Com confiança podemos repetir que não recorre a vós inutilmente aquele que vos invoca sob o título de "Achiropita". Amém.

NOSSA SENHORA

ACHIROPITA

A palavra Achiropita vem do grego, *chiro pittuare,* e quer dizer "algo não pintado por mãos humanas". Conta-se que uma pintura de Nossa Senhora, feita numa igreja em Rossano Calabro, Itália, no século 6, não era concluída nunca porque o trabalho que se realizava durante o dia sumia ao cair da noite. Numa noite de lua cheia, uma linda mulher teria entrado na igreja e, ao raiar do dia seguinte, a pintura apareceu finalmente concluída. Os primeiros a observar o milagre gritaram: "Achiropita, achiropita!", e desde então aquela imagem de Maria passou a ser cultuada ali e em todo o mundo. No Brasil, o culto a Nossa Senhora Achiropita, famosa por ajudar em causas de estudo, trabalho e casamentos em crise, chegou com os imigrantes italianos. Em São Paulo, são tradicionais os festejos em sua homenagem no bairro da Bela Vista, também conhecido como Bixiga. Eles duram dez noites, na segunda quinzena de agosto.

ORAÇÃO

Todas as gerações vos proclamem bem-aventurada, ó Maria! Crestes na mensagem divina, e em vós se cumpriram grandes coisas, como vos fora anunciado. Maria, eu vos louvo! Crestes na encarnação do Filho de Deus no vosso seio virginal e vos tornastes Mãe de Deus. Raiou, então, o dia mais feliz da história da humanidade, e Jesus veio habitar entre nós. A fé é dom de Deus e fonte de todo bem. Por isso, ó Mãe, alcançai-nos a graça de uma fé viva, forte e atuante que nos santifica cada dia mais. Ajudai-nos a alcançar a graça de [fazer o pedido] para que possamos perpetuar a mensagem de Jesus, que é o Caminho, a Verdade e a Vida da humanidade. Amém.

NOSSA SENHORA

DA ANUNCIAÇÃO

Maria é considerada Senhora da Anunciação desde o dia em que o anjo Gabriel desceu à Terra para anunciar a ela a gravidez de Jesus Cristo. Conta-se também que na cidade de Setúbal, Portugal, no século 13, uma imagem de Nossa Senhora apareceu na praia. A mulher que a encontrou teria saído pela cidade anunciando a aparição, o que resultou no nome da santa. Alguns anos mais tarde, assolados por uma grande seca, moradores do lugar fizeram uma procissão em louvor àquela Virgem. Ao chegarem ao santuário em que estava a imagem, uma grande chuva caiu sobre os fiéis. Eles então passaram a chamá-la também de Nossa Senhora da Água. No Brasil, o culto a Nossa Senhora da Anunciação chegou junto com o de Nossa Senhora do Bom Parto, no século 17. Naquela época, ao saber que estavam grávidas, as mulheres católicas passavam a rezar, todos os dias, a Nossa Senhora da Anunciação para, como a santa, serem abençoadas com um filho saudável e um parto tranqüilo. Mulheres com dificuldade de engravidar também eram encorajadas a fazer uma novena, que começava dia 16 de dezembro (nove dias antes do aniversário de Jesus) para pedir ajuda a Nossa Senhora da Anunciação. Até hoje a santa é vista como auxiliadora de mulheres inférteis.

ORAÇÃO

Querida Mãe Nossa Senhora Aparecida. Vós que nos amais e nos guiais todos os dias, vós sois a mais bela das mães, a quem eu amo de todo o meu coração. Eu vos peço mais uma vez que me ajude a alcançar uma graça. [Fazer o pedido.] Sei que me ajudará e sei que me acompanhará sempre, até a hora da minha morte. Amém. [Rezar esta oração por três dias seguidos.]

NOSSA SENHORA

APARECIDA

Para agraciar o conde de Assumar, então governador de São Paulo e Minas Gerais, três pescadores da vila de Guaratinguetá receberam encomenda de providenciar pesca farta. Na manhã do dia 12 de outubro de 1717, eles foram ao rio Paraíba do Sul, mas nada conseguiam pegar em suas redes, até que um deles, João Alves, puxou o corpo sem cabeça de uma imagem enegrecida de Nossa Senhora da Conceição. Em seguida, sua rede alçou a cabeça da santa. Encantando com a beleza da imagem, João envolveu-a num pedaço de pano e voltou a jogar a rede ao rio. Conta-se que, daquele momento em diante, a pescaria foi tão farta que o trio de pescadores temeu que o barco afundasse, tamanha a quantidade de peixes ali depositada. Por ter surgido das águas inesperadamente, a imagem ganhou o nome de Aparecida. Em 1888, depois de popularizar-se por numerosos milagres, a imagem ganhou igreja na cidade que leva seu nome. Hoje esta igreja é conhecida como Basílica Velha. A Basílica Nova, projetada por Benedito Calixto de Jesus Neto e inaugurada em 1980 com bênção do papa João Paulo II, só perde em tamanho para a Basílica de São Pedro, no Vaticano. Anualmente, cerca de 7 milhões de romeiros visitam a igreja. Nossa Senhora foi sagrada Padroeira do Brasil em 1929 e, desde 1988, dia 12 de outubro é feriado nacional.

ORAÇÃO

Minha boa Mãe do Céu, Nossa Senhora da Apresentação, que aos três anos subistes as escadarias do Templo para vos consagrardes inteiramente a Deus, praticando assim o ato de religião o mais agradável ao Senhor, seja a Vós também agradável a nossa homenagem, a nossa consagração. Consagrastes ao Senhor, ó Rainha do Céu, o vosso espírito e o vosso coração, em flor de infância, o vosso corpo e todas as potências do vosso ser pelo sacrifício total, o mais generoso e desinteressado, pela mais solene imolação que o mundo já viu, antes da imolação do Calvário. Nós, aqui na terra de exílio, nos unimos aos espíritos celestes que assistiram a esta cerimônia, que é como prelúdio de todas as vossas festas, e, com eles e todos os santos, cantamos as glórias da vossa Apresentação benditíssima. Amém.

DA APRESENTAÇÃO

Escritos de autoria desconhecida contam que, na tradição religiosa da Judéia, as meninas eram apresentadas aos sacerdotes com oitenta dias de vida. Com Maria, isso ocorreu mais tarde, aos três anos. Segundo os escritos, ela mesma pediu aos pais que assim fosse. Foi então por eles "apresentada" a um templo para que recebesse os ensinamentos religiosos. Ao que consta, Zacarias, marido de Isabel (mais tarde santa), era o sumo sacerdote desse templo. Nossa Senhora teria ficado ali por 12 anos. Saiu para casar-se com José. A primeira igreja que homenageia Nossa Senhora da Apresentação construída no Brasil data de 1599 e fica em Natal, no Rio Grande do Norte. A santa é a padroeira da capital do estado potiguar e está representada em pintura na capela-mor.

ORAÇÃO

Ó dulcíssima soberana, Rainha dos Anjos, bem sabemos que, miseráveis pecadores, não éramos dignos de vos ter neste vale de lágrimas, mas sabemos também que a vossa grandeza não vos faz esquecer a nossa miséria e, no meio de tanta glória, a vossa compaixão, longe de diminuir, aumenta cada vez mais para conosco. Do alto desse trono em que reinas sobre todos os anjos e santos, volvei para nós os vossos olhos misericordiosos; vede a quantas tempestades e mil perigos estaremos, sem cessar, expostos até o fim de nossa vida! Pelos merecimentos de vossa bendita morte, obtende-nos o aumento da fé, da confiança e da santa perseverança na amizade de Deus, para que possamos, um dia, ir beijar os vossos pés e unir as nossas vozes às dos espíritos celestes, para louvar e cantar as vossas glórias eternamente no Céu. Amém. [Fazer o pedido e repetir a oração até que ele seja atendido.]

NOSSA SENHORA

DA ASSUNÇÃO

Assim como o de Jesus, o corpo de Maria elevou-se ao Céu após a sua morte. Os cristãos acreditam na ascensão de Cristo, que subiu ao Céu por si mesmo. Os católicos acreditam na assunção de Maria, consagrando-a Nossa Senhora da Assunção. Foi no século 14, em Portugal, que a devoção à santa cresceu. Nos idos de 1300, os castelhanos invadiram Portugal dispostos a tomar o poder. A invasão deu-se na véspera da festa da virgem da Assunção. D. João I pediu proteção à santa e prometeu construir uma igreja se os portugueses saíssem vitoriosos. Portugal conseguiu manter suas fronteiras, e o rei não só construiu o convento da Batalha como ordenou que todas as catedrais fossem consagradas à Senhora da Assunção. A veneração à santa foi trazida ao Brasil pelos portugueses. Por aqui, dezenas de igrejas são dedicadas a ela, sobretudo em Minas Gerais e no Rio de Janeiro.

ORAÇÃO

Santíssima e imaculada Virgem Maria, nossa carinhosa Mãe e poderoso auxílio dos cristãos, nós nos consagramos inteiramente ao vosso doce amor e ao vosso santo serviço. Consagramo-vos o coração e seus afetos, o entendimento e seus pensamentos, o corpo com seus sentidos e com todas as suas forças, e prometemos querer sempre trabalhar para dar a Deus uma grande alegria: a realização e a felicidade de todas as pessoas. Acolhei-nos todos sob o vosso manto, ó Maria Auxiliadora. Ajudai-nos a recorrer a Vós nas tentações, prontamente e com confiança. Fazei com que a vossa lembrança – tão boa, tão amável, tão cara – e a recordação do amor que tendes para com vossos devotos nos confortem e nos façam vencedores, por meio do amor evangélico, dos inimigos do Reino, a fim de podermos, já nesta Terra, viver o Céu. Amém. [Fazer o pedido e repetir a oração até sete dias depois de ele ter sido realizado.]

NOSSA SENHORA

AUXILIADORA

Foi o papa Pio V, no século 16, auge do Império Otomano – o qual colocava em xeque o cristianismo e seus dogmas –, que instituiu a denominação de "auxiliadora" (dos cristãos) ao nome de Maria. Mas foi só em 1816 que Nossa Senhora Auxiliadora ganhou dia de festejos e imagem, por ordem do papa Pio VII. Preso por Napoleão, que pretendia exercer o poder também sobre a igreja, Pio VII passou cinco anos enclausurado, em péssimas condições, rezando pela Virgem. Acredita-se que sobreviveu durante esse período quase por milagre, e conseguiu voltar à ativa, após a derrocada de Napoleão. Coincidentemente, Napoleão assinou sua abdicação ao trono francês no mesmo palácio de Fontainebleau, onde o Sumo Pontífice passou por seus momentos mais difíceis, detido pelo soberano. Depois de ver todos os bens da igreja restituídos, o papa voltou coberto de glória a seu cargo em Roma. A santa, padroeira de Goiânia, foi trazida ao Brasil por padres salesianos.

ORAÇÃO

Ó Maria, Virgem Mãe do Menino Jesus, a Vós confiamos, pois, reconhecidas, nossas famílias, as pessoas que se recomendam à vossa proteção e todas as nossas necessidades espirituais e temporais. Ó Mãe celeste, nós vos oferecemos as ações, as preces, os sofrimentos deste dia, em homenagem de reconhecimento e em espírito de reparação, enquanto vos pedimos, ó Virgem Mãe, fazer viver o vosso Jesus em nosso coração com a plenitude da graça divina, à hora da nossa morte. Concedei-nos uma santa morte e, enfim, a felicidade de louvar-vos e de gozar eternamente no Céu com vosso Divino Filho. Amém.

NOSSA SENHORA
DA BOA MORTE

Por ter tido uma morte santa, acompanhada de todos os discípulos de Jesus Cristo – exceto São Tomé –, Maria desde tempos remotíssimos é a protetora de enfermos terminais. Conta-se que Tomé chegou três dias após a morte de Maria e foi o primeiro a presenciar o desaparecimento do corpo da Virgem. No Brasil, o culto a Nossa Senhora da Boa Morte começou em Salvador, onde até hoje uma imagem bem antiga da santa, com cabelos naturais, pode ser vista em dias específicos na igreja da Glória. Em Olinda, Pernambuco, diz-se que uma outra imagem da santa protegeu o convento do Carmo da destruição no ataque dos holandeses em 1630.

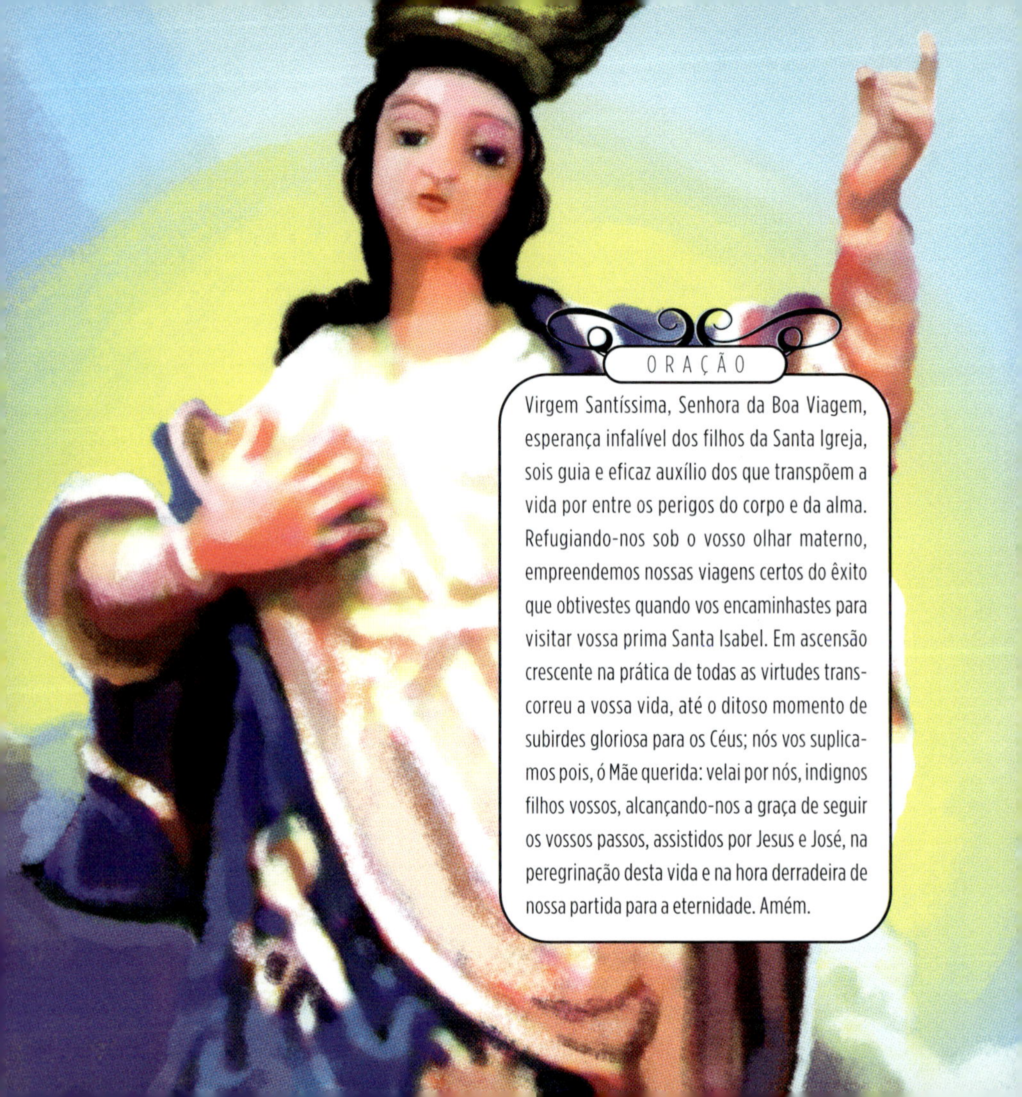

ORAÇÃO

Virgem Santíssima, Senhora da Boa Viagem, esperança infalível dos filhos da Santa Igreja, sois guia e eficaz auxílio dos que transpõem a vida por entre os perigos do corpo e da alma. Refugiando-nos sob o vosso olhar materno, empreendemos nossas viagens certos do êxito que obtivestes quando vos encaminhastes para visitar vossa prima Santa Isabel. Em ascensão crescente na prática de todas as virtudes transcorreu a vossa vida, até o ditoso momento de subirdes gloriosa para os Céus; nós vos suplicamos pois, ó Mãe querida: velai por nós, indignos filhos vossos, alcançando-nos a graça de seguir os vossos passos, assistidos por Jesus e José, na peregrinação desta vida e na hora derradeira de nossa partida para a eternidade. Amém.

NOSSA SENHORA

DA BOA VIAGEM

Foi na época dos Grandes Descobrimentos, nos séculos 15 e 16, que Maria começou a ser invocada pelos navegadores portugueses e espanhóis pelo nome de Nossa Senhora da Boa Viagem. Depois de muitas viagens bem-sucedidas e várias descobertas, uma igreja dedicada a ela foi construída em Lisboa, em 1618. No Brasil, a veneração à santa começou em Salvador. Na capital baiana, perto da praia, está a mais antiga igreja brasileira dedicada a ela. No Rio de Janeiro, o culto à santa está associado a um grupo de pescadores que ajuda as famílias daqueles que vivem da pesca. Apesar de distante das praias, Belo Horizonte tem a santa como padroeira, por conta das muitas viagens em busca de ouro que ocorreram em Minas Gerais. A catedral da Boa Viagem, igreja mais antiga da capital mineira, tem a santa como centro de atenções e apelos.

ORAÇÃO

Gloriosíssima Virgem Maria, escolhida pelo eterno Conselho para Mãe do Verbo Humanado, tesoureira das divinas graças e advogada dos pecadores, eu, o mais indigno dos vossos servos, a vós recorro para que me sejais guia e conselheira neste vale de lágrimas. Alcançai-me, pelo preciosíssimo sangue de vosso divino Filho, o perdão de meus pecados, a salvação de minha alma e os meios necessários para obtê-la. [Pedir uma graça.] Alcançai também para a Santa Igreja o triunfo sobre os seus inimigos e a propagação do reino de Jesus Cristo em todo o mundo. Amém.

NOSSA SENHORA

DO BOM CONSELHO

Acredita-se que essa designação de Maria tenha origem no fato de ela ter sido a grande conselheira dos apóstolos e da criação da Igreja. Um dos mais conhecidos templos de visitação de Nossa Senhora do Bom Conselho está em Genazzano, Itália, onde nascem rosas especialmente belas, conhecidas como rosas místicas. Conta-se que, há muito tempo, a igreja a ela erguida estava em ruínas, e Pedrina, uma devota, resolveu reconstruí-la. A tarefa revelou-se muito árdua, e a obra, demorada. Certa tarde, uma forte cerração se formou em torno da igreja e ali ficou por dias. Quando desapareceu, revelou uma pintura de Nossa Senhora, com Jesus menino nos braços e coberta por um manto que ia até seus pés. Dois albaneses que por ali passavam ajoelharam-se diante da imagem. Segundo disseram, eles haviam saído de sua terra, invadida pelos turcos, e teriam sido guiados até ali por uma imagem da santa – muito venerada na Albânia – que viajava sobre nuvens. A história se espalhou pela região, e os fiéis que vieram admirar a pintura ajudaram a terminar as obras iniciadas por Pedrina. A primeira imagem da santa trazida ao Brasil desembarcou em Itu, no interior de São Paulo, mas não ficou lá. Acabou transportada para o colégio São Luís, na capital. A santa também tem grande número de devotos na Bahia e em Pernambuco.

ORAÇÃO

Ó Maria Santíssima, Vós por um privilégio especial de Deus fostes isenta da mancha do pecado original e, devido a esse privilégio, não sofrestes os incômodos da maternidade, nem ao tempo da gravidez nem no parto; mas compreendeis perfeitamente as angústias e aflições das pobres mães que esperam um filho, especialmente nas incertezas do sucesso ou insucesso do parto. Olhai para mim, vossa serva, que na aproximação do parto sofro angústias e incertezas. Dai-me a graça de um parto feliz. Fazei com que meu bebê nasça com saúde, forte e perfeito. Eu vos prometo orientar meu filho sempre pelo caminho certo, o caminho que vosso Filho, Jesus, traçou para todos os homens, o caminho do Bem. Virgem, Mãe do Menino Jesus, agora me sinto mais calma e mais tranqüila, porque já sinto vossa maternal proteção. Nossa Senhora do Bom Parto, rogai por mim!

NOSSA SENHORA

DO BOM PARTO

Apesar de no Brasil aparecer com pele clara, a origem da veneração a Nossa Senhora do Bom Parto provém de uma antiga igreja parisiense onde, por séculos, foi cultuada uma imagem da Virgem Negra. Trata-se da igreja de Saint-Etienne-des-Grès. Na Antiguidade, a cor preta era relacionada à fertilidade, daí essa imagem ter sido esculpida em pedra negra, o que ocorreu por volta do século 11. Durante a Revolução Francesa, no fim do século 18, a igreja de Saint-Etienne-des-Grès foi destruída. A imagem, porém, ficou sob a guarda de devotas católicas que mais tarde construíram novo templo para a santa, no bairro de Neuilly, onde está até hoje. Apelar para a Virgem durante a gestação, período de muitas incertezas e angústias, é tradição nas famílias católicas. No Brasil, o culto à santa começou no Rio de Janeiro, por volta de 1650. Naquele ano, ao lado de uma igreja erguida à Virgem do Ó, criou-se o Recanto do Bom Parto, que acolhia grávidas rejeitadas por suas famílias. À santa atribuem-se muitos milagres de partos bem-sucedidos e de mulheres inférteis que conseguiram engravidar.

ORAÇÃO

Ó Deus de misericórdia, assim como a imagem da Mãe de Deus ficou intacta no incêndio ocorrido na igreja de Santo Efrém, em Nápoles, na Itália, apagai o ímpeto de nossas paixões, socorrei a nossa fraqueza e concedei-nos ressurgir de nossos pecados pela intercessão de Maria, cuja memória celebramos. [Fazer o pedido.] Por nosso Senhor Jesus Cristo, Vosso Filho, na unidade do Espírito Santo. Amém.

NOSSA SENHORA DO BRASIL

Diz um folheto distribuído na igreja Nossa Senhora do Brasil, em São Paulo, que a madona do Brasil foi esculpida pelos primeiros jesuítas que aqui chegaram, seguindo orientação do padre José de Anchieta. Talvez por isso tanto a imagem da santa quanto a do menino que carrega em seus braços lembrem muito as feições dos índios que aqui habitavam quando chegaram os primeiros portugueses. A imagem teria ficado por alguns anos em tribo indígena desconhecida e depois, por algum tempo, na igreja da Penha em Recife. Nos idos de 1800, época de profanação de templos naquela cidade, a imagem teria sido enviada para um convento em Nápoles, Itália. Por complicações na alfândega, ela não chegou a seu destino final. Depois de um tempo ali parada, a pesada caixa despertou a atenção dos funcionários locais que, ao abri-la, ficaram encantados com as feições da santa e encaminharam-na para o convento de Santo Efrém. Eles a chamaram de Madonna Del Brasile (por conta de sua procedência). Em 1840, a igreja que abrigava a imagem foi totalmente destruída por um incêndio. A madona brasileira, no entanto, não sofreu qualquer dano, e passou a ser venerada naquela região italiana. No Brasil, as primeiras notícias sobre a santa chegaram em 1924, e desde então ela tem seguidores principalmente em São Paulo e Porto Alegre.

ORAÇÃO

Eis-me aqui, prostrado aos vossos pés, ó Mãe do Céu e Senhora Nossa! Tocai o meu coração a fim de que deteste sempre o pecado e ame a vida austera e cristã que exigis dos vossos devotos. Tende piedade das minhas misérias espirituais! E, ó Mãe ternissima, não vos esqueçais também das misérias que afligem o meu corpo e enchem de amargura a minha vida terrena. Dai-me saúde e forças para vencer todas as dificuldades que me opõe o mundo. Não permitais que a minha pobre cabeça seja atormentada por males que me perturbem a tranqüilidade da vida. Pelos merecimentos de vosso divino Filho, Jesus Cristo, e pelo amor que a Ele consagrais, alcançai-me a graça que agora vos peço. [Fazer o pedido.] Aí tendes, ó Mãe poderosa, a minha humilde súplica. Se quiserdes, ela será atendida. Nossa Senhora da Cabeça, rogai por nós.

NOSSA SENHORA DA CABEÇA

A imagem de Nossa Senhora da Cabeça foi das muitas escondidas pelos cristãos na época da ocupação da Espanha pelos muçulmanos. Em 1227, depois de ouvir sinos que tocavam incessantemente e ver uma luz forte no Pico da Cabeça (monte mais alto da Serra Morena, na região da Andaluzia), o pastor João Alonso de Rivas encontrou a imagem entre duas rochas. Como tinha o braço direito atrofiado, João hesitou em tirar dali a santa, mas, para sua surpresa, ao tocá-la seu braço foi curado e ele teve forças para levar a imagem para a igreja da Santa Maior. Ali, ela passou a ser venerada. No Brasil, o culto à Virgem começou logo depois da fundação do Rio de Janeiro. Martim Correia de Sá, um dos primeiros governadores do Rio, era casado com uma espanhola devota de Nossa Senhora da Cabeça e à santa ergueu capela em seu terreno. Por aqui, essa Nossa Senhora ficou conhecida como santa que cura males da cabeça, como doenças cerebrais e problemas psíquicos. Em agradecimento, os fiéis levavam às igrejas erguidas em seu nome cópias em cera das "cabeças" curadas. Por isso, a imagem da santa no Brasil traz numa das mãos uma cabeça masculina esculpida em cera.

ORAÇÃO

Ó Senhora do Carmo, olhai por mim e por todos os que estão revestidos de vosso escapulário. Acompanhai-nos e protegei-nos ao longo da vida, para que possamos crescer na fé, esperança e caridade, seguindo Jesus Cristo. Amém. [Ao fazer esta oração, o fiel deve ter nas mãos um escapulário bento por um padre. Deve-se então usar o escapulário com freqüência.]

NOSSA SENHORA

DO CARMO

Segundo o Antigo Testamento, Javé lançou chamas sobre altares a falsas divindades veneradas no Monte Carmelo, na Palestina. Algum tempo depois, eremitas ergueram no local um convento dedicado a Nossa Senhora do Carmo. O culto à Virgem foi muito popular durante as Cruzadas. Diz-se que os cruzados consideravam-na sua padroeira. Em Portugal, o culto à santa cresceu depois de um dos homens que combateram nas Cruzadas, Nuno Álvares Pereira, ter trocado a farda pela batina. Um dos símbolos de Nossa Senhora do Carmo é o escapulário: pedaço de fio marrom que une duas imagens, o Sagrado Coração de Jesus e a imagem de Nossa Senhora do Carmo. Foi um carmelita inglês, São Simão Stock, que teve uma visão da Virgem com o escapulário nas mãos. Ela prometia que todos os que usassem aquele "sinal da ordem seriam salvos definitivamente". Os seguidores da santa atribuem várias realizações e milagres a quem usa o colar de dois pingentes. Padroeira de Pernambuco, Nossa Senhora do Carmo é especialmente venerada em Minas Gerais. A primeira igreja a ela dedicada no Brasil foi erguida por volta de 1700, junto à encosta do Itacolomi, no lugar onde em seguida surgiria a cidade de Mariana.

ORAÇÃO

Virgem Santíssima, que fostes concebida sem o pecado original e por isto merecestes o título de Nossa Senhora da Imaculada Conceição, e que por terdes evitado todos os outros pecados o Anjo Gabriel vos saudou com as belas palavras “Ave Maria, cheia de graça”, nós vos pedimos que nos alcanceis do vosso divino Filho o auxílio necessário para vencermos as tentações e evitarmos os pecados. E, já que vos chamamos de Mãe, atendei-nos com carinho maternal nesta graça [fazer o pedido] para que possamos viver como dignos filhos vossos. Nossa Senhora da Conceição, rogai por nós. Amém.

NOSSA SENHORA
DA CONCEIÇÃO

Foi uma das primeiras imagens da Virgem a aportar no Brasil, a bordo de uma das navegações comandadas por Pedro Álvares Cabral. Talvez por isso, Nossa Senhora da Conceição seja a padroeira da Bahia. Durante o Império, ela foi a padroeira do país (título de que desfruta atualmente Nossa Senhora Aparecida, cuja designação completa é Nossa Senhora Conceição Aparecida, em respeito à primeira padroeira). Até hoje o estado do Amazonas e a cidade de Aracaju, capital de Sergipe, mantêm-na como padroeira. É também a protetora do exército brasileiro. Diz-se que muitas promessas a ela foram feitas pelos soldados durante a Guerra do Paraguai. O nome desta Virgem, Nossa Senhora da Imaculada Conceição, faz alusão à concepção de Jesus Cristo por Maria, realizada sem o pecado original. A virgindade de Maria é um dos dogmas da Igreja, proclamado no século 19 pelo Papa Pio IX. Na imagem consagrada desta santa, ela aparece com os pés sobre o globo terrestre, esmagando uma cobra (símbolo do pecado original).

ORAÇÃO

Santa Maria, cheia da presença de Deus, durante tua vida aceitaste com toda a humildade a vontade do Pai, e o Maligno nunca foi capaz de te envolver em suas confusões, e junto a teu Filho intercedeste por nossas dificuldades e, com toda paciência, nos deste o exemplo de como desenrolar as linhas de nossa vida. E ao se dar para sempre como nossa Mãe, pões uma ordem e fazes mais estreitos os laços que nos unem ao Senhor. Santa Maria, Mãe de Deus e nossa Mãe, Tu que com o coração materno desatas os nós que entorpecem nossa vida, a ti pedimos que recebas em tuas mãos a(o) [nome da pessoa que passa por problemas] e que a(o) livre das amarras e confusões com que a(o) castiga aquele que é nosso inimigo. Por tua graça, por tua intercessão, com teu exemplo, livra-nos de todo o mal, Nossa Senhora, atendendo a nosso pedido. [Fazer o pedido.] E desata os nós que impedem de nos unirmos a Deus. Para que livres de toda a confusão e erros, O louvemo em todas as coisas, coloquemos Nele nossos corações e possamos servi-Lo para sempre através de nossos irmãos. Amém!

DESATADORA DOS NÓS

Maria de Knotelöserin é venerada na Alemanha desde o final do século 17 (seu nome vem dos termos alemães *knoten*, "nó", e *löserin*, "desatadora") e ganhou sua primeira imagem na igreja de St. Peter, em Augsburg. Conta-se que um artista local, Johann Schmitter, inspirou-se nos escritos de Santo Irineu para criar o painel com a imagem da Virgem. Segundo os textos do santo, Eva teria atado o nó da desgraça dos humanos, que Maria desatou ao receber o filho de Deus em seu ventre. A partir dessa imagem, Nossa Senhora passa a ser reconhecida também como a desatadora dos nós que nos afligem no cotidiano. No painel pintado pelo alemão, há também a imagem de um anjo e de um humano se dirigindo a uma igreja. Dizem ser uma alusão ao livro de Tobias, no qual os maridos de Sara são mortos por um "demônio" apaixonado. Após desatar esse "nó", ela finalmente pôde viver ao lado de um homem. Por conta disso, Nossa Senhora Desatadora dos Nós é vista também como protetora dos casamentos. No Brasil, é venerada há cerca de duas décadas. A primeira imagem da santa parece ter chegado a Campinas, no interior de São Paulo, e a primeira igreja em sua homenagem foi erguida em Búzios, no litoral fluminense.

O R A Ç Ã O

Minha Mãe dolorissima, não vos quero deixar sozinha a chorar. Não, eu quero acompanhar-vos também com as minhas lágrimas. Esta graça vos peço hoje; alcançai-me uma contínua lembrança e uma devoção terna à paixão de Jesus e à vossa, a fim de que todos os dias que me restam de vida me sirvam somente para chorar as vossas dores e as do meu Redentor. [Pedir a graça.] Elas me alcançarão o perdão, a perseverança, o Céu, onde espero depois recrear-me em vós e cantar as misericórdias infinitas de Jesus, por toda a eternidade. Amém.

NOSSA SENHORA DAS DORES

São sete os motivos que levaram Maria, mãe de Jesus, a receber o nome de Nossa Senhora das Dores: 1) ter ouvido do velho Simeão que uma espada seria cravada em seu peito; 2) perseguida por Herodes, ter fugido com a família para o Egito; 3) durante peregrinação à Cidade Santa, ter perdido Jesus de vista por três dias; 4) ter assistido Jesus carregar a cruz a caminho da morte; 5) por conta da crucificação de Cristo; 6) por ter recebido o filho morto nos braços, assim que Ele foi tirado da cruz; 7) por ter depositado o corpo do filho no sepulcro. A veneração de Nossa Senhora das Dores se dá em dois momentos da Semana Santa. Apesar de Teresina, no Piauí, ter Nossa Senhora das Dores como padroeira, foi em Porto Alegre que ocorreu uma história curiosa envolvendo o seu nome. Um jovem apaixonado roubou do altar, para dar à noiva, um belo colar que adornava a santa. Um homem simples foi acusado pelo crime e condenado em lugar do noivo. Ao ser enforcado, o homem se disse inocente e vaticinou que a igreja construída em homenagem a Nossa Senhora das Dores só ficaria pronta depois de três quedas da torre. E assim foi: sempre que erigida, a torre principal da igreja ruía. Na quarta vez a torre finalmente ficou em pé. Até hoje a igreja de Nossa Senhora das Dores, na capital gaúcha, é das mais conhecidas e visitadas da cidade. E a noiva? Bem, a noiva rompeu com o moço apaixonado, logo depois de ter ganhado o tal colar.

ORAÇÃO

Santíssima Virgem, que nos montes de Fátima vos dignastes revelar aos três pastorinhos os tesouros de graças que podemos alcançar rezando o Santo Rosário, ajudai-nos a apreciar sempre mais esta santa oração, a fim de que, meditando sobre os mistérios da nossa redenção, alcancemos as graças que insistentemente vos pedimos. [Pedir a graça.] Ó meu bom Jesus, perdoai-nos, livrai-nos do fogo do Inferno, levai as almas todas para o Céu e socorrei principalmente as que mais precisarem. Nossa Senhora do Rosário de Fátima, rogai por nós.

NOSSA SENHORA DE FÁTIMA

No auge da Primeira Guerra Mundial, três crianças que viviam como pastoras na aldeia de Aljustrel, em Fátima, Portugal, afirmaram ter visto uma mulher, muito bonita e reluzente, junto de uma azinheira (pequena árvore nativa da Europa e do norte da África). A aparição se repetiu por seis meses e, embora Lúcia de Jesus dos Santos e seus primos, Francisco e Jacinta Marto, fossem os únicos a ver a imagem, perturbações naturais como enfraquecimento da luz do Sol, relâmpagos e alterações da temperatura eram sentidos por outros moradores do lugar. Em outubro de 1917, mais de 70 mil pessoas viram o Sol fazer malabarismos no céu. Alguns membros da Igreja tentaram abafar o fato (as três crianças chegaram a ser presas), mas a veneração a Nossa Senhora de Fátima espalhou-se por todo o globo. E rapidamente. No local da aparição foi erguido um santuário, que está entre os maiores locais de veneração de Nossa Senhora, com visitação anual de mais de 5 milhões de pessoas. Por anos, as três crianças guardaram três segredos que a Virgem teria lhes revelado nas aparições: o primeiro refere-se à visão do Inferno, o segundo segredo anunciava o fim da Primeira Guerra e a possibilidade de uma nova batalha mundial. O terceiro foi escondido por anos. Revelado no ano 2000, referia-se a um atentado ao papa. Na década de 1950, a imagem de Nossa Senhora de Fátima viajou o mundo. No Brasil, chegou em 1953. Atualmente, ela é venerada em mais de 200 igrejas brasileiras.

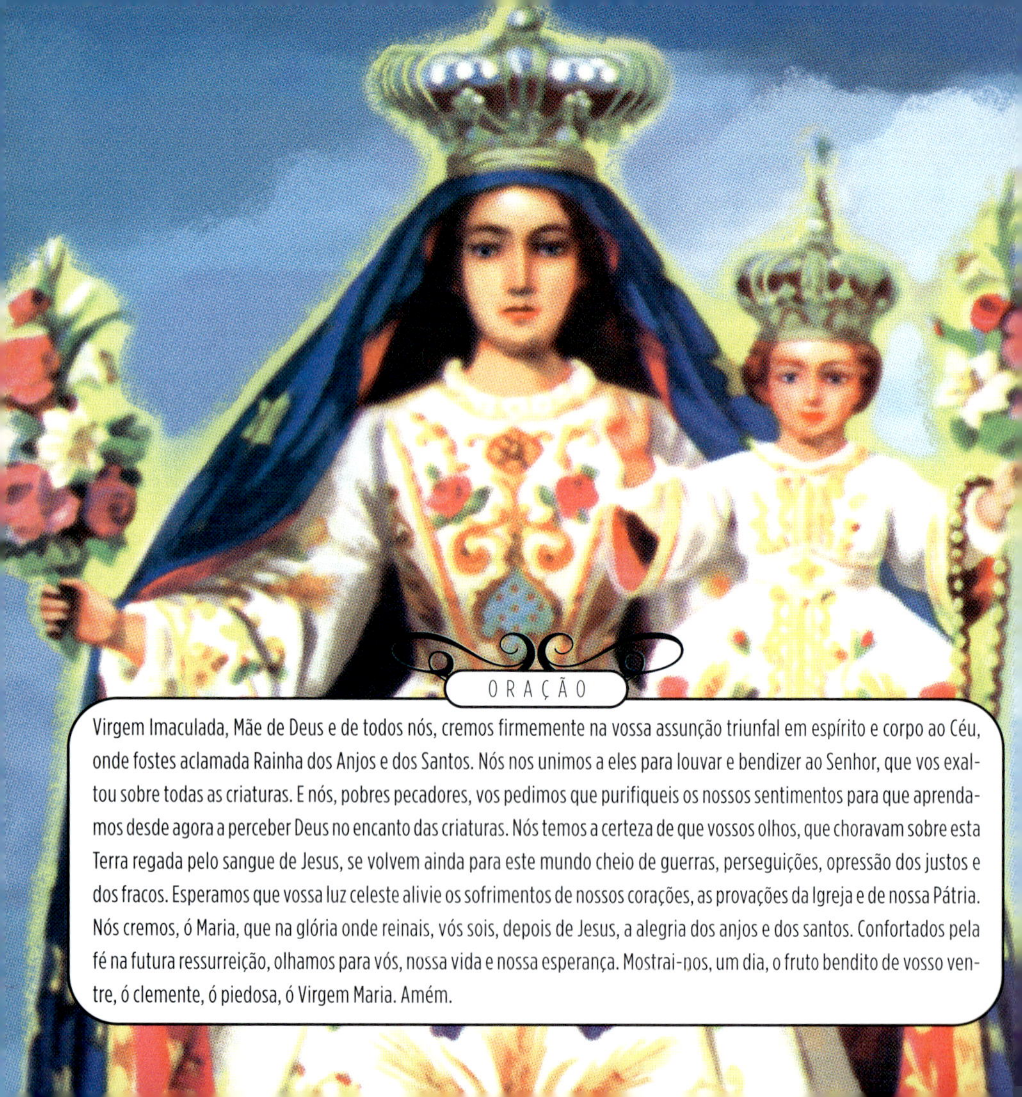

ORAÇÃO

Virgem Imaculada, Mãe de Deus e de todos nós, cremos firmemente na vossa assunção triunfal em espírito e corpo ao Céu, onde fostes aclamada Rainha dos Anjos e dos Santos. Nós nos unimos a eles para louvar e bendizer ao Senhor, que vos exaltou sobre todas as criaturas. E nós, pobres pecadores, vos pedimos que purifiqueis os nossos sentimentos para que aprendamos desde agora a perceber Deus no encanto das criaturas. Nós temos a certeza de que vossos olhos, que choravam sobre esta Terra regada pelo sangue de Jesus, se volvem ainda para este mundo cheio de guerras, perseguições, opressão dos justos e dos fracos. Esperamos que vossa luz celeste alivie os sofrimentos de nossos corações, as provações da Igreja e de nossa Pátria. Nós cremos, ó Maria, que na glória onde reinais, vós sois, depois de Jesus, a alegria dos anjos e dos santos. Confortados pela fé na futura ressurreição, olhamos para vós, nossa vida e nossa esperança. Mostrai-nos, um dia, o fruto bendito de vosso ventre, ó clemente, ó piedosa, ó Virgem Maria. Amém.

NOSSA SENHORA

DA GLÓRIA

Conta-se que, no ano de 1671, o artista Antônio Caminha esculpiu a primeira imagem de Nossa Senhora da Glória e a colocou numa igreja no alto de um morro de mesmo nome, no Rio de Janeiro. Anos mais tarde, foi fundada a irmandade da Glória em torno da igreja colonial, que lá está até hoje. Diz a mesma história que o escultor fez uma segunda imagem e a enviou a seu país de origem, Portugal. O navio que levava a imagem da santa naufragou, e a caixa que a continha chegou à cidade de Lajes, na região de Algarve, em Portugal, onde foi conduzida a um altar. No Rio, um século mais tarde, a imagem de Nossa Senhora ganhou novo endereço, com a construção da Matriz de Nossa Senhora da Glória do Largo do Machado. Apesar da solene inauguração, no ano de 1842, com a presença de Dom Pedro II, a igrejinha original continua sendo a mais procurada pelos fiéis. Esta imagem de Nossa Senhora celebra o dia em que Maria foi recebida cheia de glória no Céu.

ORAÇÃO

Ó Imaculada Virgem Mãe de Deus e nossa Mãe, ao contemplar-vos de braços abertos derramando graças sobre os que vos pedem, cheios de confiança na vossa poderosa intercessão, inúmeras vezes manifestada pela Medalha Milagrosa, embora reconhecendo a nossa indignidade por causa de nossas inúmeras culpas, acercamo-nos de vossos pés para vos expor, durante esta oração, as nossas mais prementes necessidades. [Momento de silêncio e de pedir a graça desejada.] Concedei, pois, ó Virgem da Medalha Milagrosa, este favor que confiantes vos solicitamos, para maior Glória de Deus, engrandecimento do vosso nome e o bem de nossas almas. E para melhor servirmos ao vosso divino Filho, inspirai-nos profundo ódio ao pecado e dai-nos coragem de nos afirmarmos sempre como verdadeiros cristãos. Amém.

NOSSA SENHORA

DAS GRAÇAS

OU NOSSA SENHORA DA MEDALHA MILAGROSA

Em meados do século 19, a noviça francesa Catarina Labouré teve uma visão de Maria vestida de branco, com um globo nas mãos e anéis que emitiam luzes. No mesmo instante, ouviu que as luzes eram as graças que Maria Santíssima alcança para os homens. Viu ainda, junto à imagem da santa, uma mensagem em letras douradas: "Ó Maria, concebida sem pecado, rogai por nós que recorremos a vós". A Virgem pediu então que a noviça cunhasse uma medalha com aqueles dizeres e a levasse sempre no pescoço, rezando freqüentemente a sua oração. A santa disse ainda que quem repetisse aquele gesto seria protegido. Por toda a dificuldade que enfrentou para ver tal desejo atendido, Catarina hoje é uma santa. E a Virgem que ela viu passou para a história do catolicismo como Nossa Senhora das Graças. Em muitos lugares do mundo, inclusive no Brasil, ela também é conhecida como Nossa Senhora da Medalha Milagrosa. A primeira igreja brasileira erguida em homenagem a ela fica em Minas Gerais, na cidade de Monte Sião.

ORAÇÃO

Perfeita, sempre Virgem Santa Maria, Mãe do Verdadeiro Deus, por quem se vive. Tu, que na verdade és nossa Mãe Compassiva, te buscamos e te clamamos. Escuta com piedade nosso pranto, nossas tristezas. Cura nossas penas, nossas misérias e dores. Tu que és nossa doce e amorosa Mãe, acolhe-nos no aconchego do teu manto, no carinho de teus braços. [Fazer um pedido.] Que nada nos aflija nem perturbe nosso coração. Mostra-nos e manifesta-nos a teu amado Filho, para que Nele e com Ele encontremos nossa salvação e a salvação do mundo. Santíssima Virgem Maria de Guadalupe, faz-nos mensageiros teus, mensageiros da Palavra e da vontade de Deus. Amém.

NOSSA SENHORA
DE GUADALUPE

O nome Guadalupe tenta traduzir o que na língua de uma tribo indígena mexicana quer dizer "que teve origem no cume da montanha de pedras". Foi a frase que o índio Juan Diego ouviu de um tio no ano de 1531, data da aparição da Virgem no México. Ela se revelou a Juan Diego num dia em que ele buscava ajuda para o tio enfermo. O bispo local não acreditou na história do jovem Juan e pediu que ele trouxesse mais provas da aparição da santa. No dia seguinte, a Virgem ordenou que ele fosse ao alto de uma montanha, colhesse todas as rosas que pudesse e as levasse em seu manto para o chefe religioso. O bispo caiu de joelhos ao ver rosas frescas, que nunca poderiam ter nascido em solo mexicano em pleno inverno, e que haviam marcado a imagem da Virgem no manto do humilde índio. Juan ainda foi agraciado pela Virgem com a cura de seu tio. Estudos foram feitos sobre a imagem da santa, de tez escura, olhos claros e vestimentas coloridas, mas não se chegou a uma conclusão sobre o material com que ela fora fixada no manto. No Brasil, o culto à santa chegou com os portugueses e é muito popular no Nordeste. No México, ela é conhecida como protetora da integridade física e dos bens materiais. Em seu dia, 12 de dezembro, os mexicanos levam numerosos objetos e pertences – chave de casa, carros e até diplomas – para receber a bênção da santa.

ORAÇÃO

A corte celestial perpetuamente canta vossos louvores, ó Rainha dos anjos e dos santos, soberana, clemente. Sois misericordiosa e o refúgio dos pecadores, por isso venho contrito pedir vossa intercessão junto ao vosso Filho, Nosso Senhor Jesus Cristo, pelo perdão para os meus pecados e a graça de evitar os maus caminhos que levam à perdição. Suplico-vos, Senhora, vosso auxílio na existência, vossa proteção em minhas atividades, vosso amparo nos meus negócios, o favor de me abrir os olhos e a inteligência a fim de que eu compreenda onde está a minha salvação e quais os recursos dos quais devo me servir para não ser malsucedido. Afastai de mim os inimigos, os desonestos, os homens sem fé e sem caridade. Concedei-me boa disposição de alma e de corpo para que eu possa dirigir meus interesses, a fim de que jamais recuse um auxílio aos que necessitam de pão e de socorro material ou espiritual. Dê-me paciência, perseverança e destemor diante dos obstáculos. [Fazer o pedido.] Dê-me, Senhora da Guia, vosso amparo. Assim seja. Mãe Imaculada, rogai por nós.

NOSSA SENHORA DA GUIA

Maria "guiou" seu filho Jesus na infância e na juventude. Na Igreja Ortodoxa, ela é chamada de "Odigitria", ou "condutora". Até Jesus assumir sua função de homem público, Maria esteve a seu lado para segurar sua mão e indicar-lhe o caminho sempre que necessário. Desde as antigas escrituras da religião católica, sabe-se que os fiéis recorrem a ela em busca de direção nos momentos de dúvida. No Brasil, a Paraíba tem a igreja mais antiga dedicada a Nossa Senhora da Guia. A igreja, que muitos consideram a mais importante do estado, fica no porto do Cabedelo, perto da foz do rio Paraíba, no alto de um precipício. Erguida provavelmente no final do século 16, é decorada com as cores dos frutos e flores da região.

ORAÇÃO

Nossa Senhora da Lapa, vós que aparecestes em imagem humilde à pastora Joana e lhe destes o dom da fala e, na gruta rochosa, há mais de 500 anos, sois firme apoio da Igreja peregrina e fizestes descer tantas graças de Deus sobre a pobre humanidade, sede sempre a estrela que brilha nas trevas da nossa vida. Mãe de Deus e nossa Mãe, aceitai a nossa saudação de filhos e o preito singelo do nosso louvor. Mãe de misericórdia, intercedei por nós junto do vosso Filho Jesus, para obtermos o perdão das nossas culpas. Mãe admirável, volvei para nós o vosso olhar bondoso e atendei-nos em todas as nossas necessidades. Não desprezeis as nossas súplicas em nossas tribulações. Advogada nossa, sede-nos propícia e alcançai-nos a dita de obtermos as promessas de Jesus, vosso divino Filho, o Único Salvador. Nossa Senhora da Lapa, nós temos confiança em vós. Dai paz ao mundo, protegei as nossas famílias, amparai-nos em horas de aflição, robustecei a nossa fé e alcançai-nos a graça da perseverança final.

NOSSA SENHORA
DA LAPA

Conta-se que, no ano de 1498, uma menina chamada Joana, muda de nascença, brincava perto de uma lapa (pequena gruta) num vilarejo entre as regiões portuguesas do Minho e do Douro, quando achou uma imagem de Nossa Senhora. Julgando ser uma boneca, passou a andar com ela numa sacola, a vesti-la e niná-la. Irritada com o amor da menina à imagem, sua mãe teria tirado a pequena estátua de suas mãos, lançando-a ao fogo. Diz-se que, naquela hora, a menina recuperou a fala, tirou a imagem das chamas e contou à mãe que a encontrara numa lapa na Serra de Quintela. Conta-se ainda que o braço direito da mãe da menina ficou paralisado e só recuperou os movimentos depois que ambas levaram a imagem de volta ao local onde fora encontrada. A história da imagem ficou conhecida, e muitos milagres foram atribuídos à santa. A Virgem, chamada de Nossa Senhora da Lapa, ganhou um grande templo naquele mesmo lugar. No Brasil, o culto à santa chegou com os primeiros portugueses. Salvador e Rio de Janeiro têm imponentes igrejas dedicadas a ela.

ORAÇÃO

Lembrai-vos, ó piíssima Virgem Maria, que nunca se ouviu dizer que algum daqueles que têm recorrido à vossa proteção, implorado a vossa assistência e reclamado o vosso socorro, fosse por Vós desamparado. Animado, pois, com igual confiança, a Vós, Virgem, entre todas singular, como a Mãe recorro, de Vós me valho e, gemendo sob o peso dos meus pecados, me prostro a vossos pés. Não desprezeis as minhas súplicas, ó Mãe do filho de Deus humanado, mas dignai-vos de as ouvir propícia e de alcançar o que vos rogo. [Fazer o pedido.] Que a Senhora do Livramento continue a ser o nosso socorro, que nós nos coloquemos sob a sua proteção, mas, sobretudo, imitemo-la no seu modo de ser projetada em Deus, na sua atitude de ajudar e socorrer os outros, em seu comprometimento com a missão que Deus lhe confiou. Amém.

NOSSA SENHORA DO LIVRAMENTO

Foi no tempo em que o espanhol Felipe II tomou o trono de Portugal que a devoção a essa santa parece ter surgido. Assim que assumiu o poder, o rei espanhol mandou prender todos os nobres que não lhe renderam homenagens. Rodrigo Homem de Azevedo foi um deles. Sua mulher, católica fervorosa, passou a organizar orações pela salvação do marido. Certa noite, ela sonhou com Maria, de quem teria ouvido: "Não te agastes. Eu, que tudo posso, o livrarei. Se puderes, em algum tempo, edificar-me-ás uma casa". Alguns dias depois, Rodrigo recebeu ordem de voltar para casa. A primeira mulher de Rodrigo não viveu para ver a igreja concluída, mas ganhou do marido uma escultura com a imagem da santa vestida de branco, cabelos soltos, com o Jesus Menino no colo. Depois da morte da mulher, Rodrigo mandou fazer a igreja em louvor a Nossa Senhora do Livramento. No Maranhão, na baía de Alcântara, uma ilhota de nome Livramento chama a atenção. Ali há uma imagem antiga da santa que, conta-se, protegeu um grupo de tripulantes de um navio naufragado. A imagem estava no barco, foi salva e os sobreviventes ergueram para ela uma igreja na ilha, que depois ganhou seu nome. Até hoje, toda semana de lua cheia de dezembro a santa ganha festa em Alcântara.

ORAÇÃO

Ó Virgem puríssima, Nossa Senhora de Lourdes, que vos dignastes aparecer a Bernadete, no lugar solitário de uma gruta, para nos lembrar que é no sossego e recolhimento que Deus nos fala, e nós falamos com Ele, ajudai-nos a encontrar o sossego e a paz da alma que nos ajudem a conservar-nos sempre unidos a Deus. Nossa Senhora da gruta de Lourdes, dai-me a graça que vos peço e tanto preciso. [Pedir a graça.] Nossa Senhora de Lourdes, rogai por nós. Amém.

NOSSA SENHORA

DE LOURDES

No ano de 1858, entre fevereiro e julho, na cidade de Lourdes, França, a jovem Bernadete Soubirous presenciou 18 aparições de uma linda senhora de branco, com faixa azul na cintura e pés enfeitados de rosas. Além de ter uma luz impressionante em torno de si, a imagem trazia nas mãos um rosário, cujas contas passava entre os dedos. A santa confiou segredos à menina e disse a ela que pedisse aos religiosos locais para construir uma capela no lugar de onde jorrava água de um rochedo. Bernadete penou até convencer a todos que assistira à aparição de Nossa Senhora. As curas milagrosas da água que brotava da rocha ajudaram a mostrar que a jovem não estava mentindo. A partir de 1862, a veneração à Virgem foi aceita pela Igreja, e Lourdes se transformou num centro de peregrinação católica. No Brasil, seu culto foi trazido pelos portugueses. A santa, apontada como responsável por curas milagrosas, tem igrejas e seguidores em dezenas de cidades brasileiras. Uma das mais bonitas fica em Belo Horizonte.

ORAÇÃO

Ó minha Mãe, medianeira de todas as graças, na vossa luz veremos a Luz. Ó Mãe, antes ficar cego do que deixar de ver vossa luz, porque vê-la é viver. Na claridade dessa luz, veremos todas as luzes, e sem a claridade dessa luz, nenhuma luz é luz. Eu não vou mais me preocupar com nada, a não ser o ter diante de mim essa luz. Nunca mais me esquecerei de que, em determinado momento, essa luz brilhou diante de meus olhos, e só vou sossegar no dia em que Nossa Senhora me dê a graça de que essa luz brilhe em todo o mundo. Eu não considerarei vida os momentos em que ela não brilhar, e eu da vida não quererei ter mais nada do que a mente banhada por essa luz. Ó luz, que me visitastes e me abristes uma perspectiva das coisas diante da qual tudo é nada, porque só isso vale! Ó Vós, graça! Eu vos seguirei custe o que custar: pelos vales, pelos montes, pelas ilhas, pelos desertos, pelas torturas, pelos abandonos, pelos olvidos, pelas perseguições, pelas tentações, pelos infortúnios, pela alegrias, pelas glórias. Eu vos seguirei de tal maneira que mesmo no fastígio da glória não me incomodarei com a glória, porque só me incomodarei convosco. Eu vos vi e até o Céu não quererei outra coisa, porque uma vez eu vos vi!

NOSSA SENHORA DA LUZ

Conta a tradição que a veneração a Nossa Senhora da Luz começou no ano de 1453, quando o português Pedro Martins, que morava com a mulher em Carmidé, aldeia perto de Lisboa, foi raptado por mercenários muçulmanos. No cativeiro, pediu ajuda à santa para ser libertado, pois não tinha posses para o pagamento de seu resgate. Durante trinta dias seguidos, uma forte luz iluminou uma região da aldeia, conhecida como Fonte do Machado. Nesse período, Pedro sonhou com a santa todas as noites. No último dia, ela lhe disse que ele sairia do cativeiro e que teria de encontrar uma imagem escondida no lugar indicado pela luz. Ali, teria de erguer uma capela. Tudo aconteceu como previu e pediu a santa todas as noites. Sua fama espalhou-se por Portugal. No Brasil, Nossa Senhora da Luz ganhou a primeira igreja em seu louvor no bairro do Ipiranga, em São Paulo. Em 1603, a imagem que estava nesta igreja foi transferida para o Museu de Arte Sacra, no bairro da Luz (que recebeu o nome em sua homenagem).

ORAÇÃO

Dá-me, Senhora Mãe de Deus, um pouco da tua força para a minha fraqueza. Um pouco de tua coragem para o meu desalento. Um pouco da tua compreensão para o meu problema. Um pouco da tua plenitude para o meu vazio. Um pouco da tua rosa para o meu espinho. Um pouco da tua certeza para minha dúvida. Um pouco do teu sol para o meu inverno. Um pouco da tua serenidade para a minha inquietude. Um pouco da tua chama para o meu gelo. Um pouco da tua luminosidade para a minha noite. Um pouco da tua alegria para a minha tristeza. Um pouco da tua sabedoria para a minha ignorância. Um pouco do teu amor para o meu rancor. Um pouco da tua pureza para o meu pecado. Um pouco da tua vida para a minha morte. Um pouco da tua transparência para o meu escuro. Um pouco do teu Filho de Deus para meu filho pecador. Com todos esses "poucos", Senhora, eu terei tudo. E assim seja, eternamente, com Cristo na glória. Aleluia!

MÃE DE DEUS

Quando o cristianismo ainda se firmava como religião, algumas pessoas questionaram a santidade de Nossa Senhora. Diziam que Jesus Cristo era parte homem e parte Deus, e Maria, na condição de mãe da parte humana, não merecia a qualificação de santa. Para encerrar a discussão, o papa Celestino I organizou o Conselho de Éfeso, em 431. Foi nesse ano que a oração Ave-Maria ganhou os versos "Bendito é o fruto de vosso ventre, Jesus/ Santa Maria, Mãe de Deus, rogai por nós". Consta também que as imagens de Maria com Jesus no colo passaram a ganhar popularidade a partir de então. Em Portugal, a mais famosa imagem de Nossa Senhora Mãe de Deus surgiu no reinado de Dom João II. Sua mulher, a rainha Leonor, teria ganhado de dois lindos rapazes – que julgou anjos – uma imagem de Maria e José adorando o menino Jesus recostado em um lindo berço de prata. Diz-se que os dois jovens tentaram vender a imagem à rainha por valor exorbitante. Como ela hesitou em adquirir a peça, combinaram que a imagem ficaria ali até o dia que voltassem para tentar novo negócio. Eles nunca voltaram. No Brasil, em Minas Gerais e no Nordeste, é forte o culto a Nossa Senhora Mãe de Deus, também padroeira de Porto Alegre, capital gaúcha.

ORAÇÃO

Senhor Deus, assim como realizaste maravilhas na vida dos Profetas – de Moisés no Monte Sinai, e de Elias no Monte Horeb – ajudai-me a Te encontrar na brisa suave dos desertos da vida sob a proteção da Santíssima Virgem Maria de Montserrat, Mãe e advogada nossa. Ó Rainha e Mãe dos montes, dos morros e dos edifícios, ouve a minha prece e atende o meu pedido. [Fazer um pedido.] Virgem Mãe e esplendor do povo de Deus, do clero, dos desvalidos, dos presidiários, dos doentes, dos angustiados, dos pescadores, dos feirantes, das autoridades, civil e militar, dos motoristas, dos agricultores, dos funcionários públicos, dos estudantes, das domésticas e dos artistas. Obrigado por me proteger e me acompanhar na subida do Monte, que é o próprio Jesus Cristo, o vosso Filho. Amém.

NOSSA SENHORA DE MONTSERRAT

O nome desta santa vem de uma montanha situada perto de Barcelona, na região da Catalunha, Espanha, cuja forma lembra dentes pontudos. Conta-se ali que a imagem dessa santa foi por muitos anos venerada. Na época das invasões sarracenas, por volta do século 13, os cristãos teriam escondido a imagem, para que não fosse profanada. Num sábado de abril, dois séculos mais tarde, a imagem foi encontrada, depois que estrelas de brilho intenso surgiram perto da serra. Dizem que esse fenômeno se repetiu por vários sábados, e alguns moradores ouviam cantos de beleza angelical ao anoitecer. A imagem encontrada no alto da serra dentada estava enegrecida por forças da natureza (chuvas, ventos, neblina), e não podia ser removida daquele local. Uma capela em culto a ela foi erguida ali, e a partir de então curas diversas foram atribuídas a orações fervorosas à santa. Na época das Grandes Navegações, nos séculos 15 e 16, os espanhóis levaram às Américas o culto a Nossa Senhora de Montserrat. No Brasil, a cidade de Santos foi a primeira a contar com uma imagem da Virgem, e até hoje promove festa popular em homenagem a ela.

ORAÇÃO

Ó Nossa Senhora dos Navegantes, Santíssima Filha de Deus, criador do céu, da terra, dos rios, lagos e mares, protegei-me em todas as minhas viagens. Que ventos, tempestades, borrascas, raios e ressacas não perturbem a minha embarcação e que nenhuma criatura nem incidentes imprevistos causem alteração e atraso em minha viagem ou me desviem da rota traçada.

NOSSA SENHORA

DOS NAVEGANTES

Nossa Senhora dos Navegantes começou a ser venerada no princípio da Idade Média, durante as Cruzadas, por guerreiros que buscavam a proteção de Maria para cruzar o Mediterrâneo. A devoção ganhou novos adeptos na época dos Descobrimentos, no século 15. No Brasil, Nossa Senhora dos Navegantes é especialmente reverenciada em Porto Alegre e outros municípios do Rio Grande do Sul. No dia 2 de fevereiro (data em que os baianos festejam Iemanjá, divindade do candomblé), os devotos gaúchos deixam a igreja do Rosário e seguem até o Santuário dos Navegantes. Centenas de barcos deslizam pelo rio Guaíba, cobertos de fitas. Os tripulantes das embarcações lançam flores às águas. A imagem da santa traz um Menino Jesus que brinca com uma âncora. A seus pés, navios enfrentam tempestades, sob os olhares protetores da santa.

ORAÇÃO

Nossa Senhora de Nazaré, mãe do silêncio e da humildade, protege e santifica as nossas famílias. Envolve-nos no teu manto, comunica-nos a Fortaleza da tua Fé, a Grandeza da tua Esperança e a Profundidade do teu Amor. Permanece com os que ficam e parte com os que vão. Conforta-nos com o teu sorriso e enxuga as nossa lágrimas com as tuas carícias de mãe. Amém. [Fazer o pedido e rezar uma Ave-Maria.]

NOSSA SENHORA DE NAZARÉ

Conta antiga lenda que José, marido de Maria, esculpiu uma imagem de sua mulher na aldeia de Nazaré, onde viviam. São Lucas e Santo Agostinho foram guardiões da tal estátua, que acabou esquecida numa gruta. Por volta do século 12, o português Fuas de Roupinho perdeu-se na floresta e encontrou a imagem perto de um precipício, do qual quase despencou. Orou então para Maria o ajudar a achar o rumo de casa. Como que por milagre, seu cavalo começou a andar sozinho, e pouco tempo depois ele estava em casa. Em agradecimento, Fuas ergueu um santuário em homenagem a Nossa Senhora de Nazaré. No Brasil, a devoção à santa data do século 17 e é especialmente forte no Pará. Belém, capital do estado, a tem como padroeira. Na cidade, conta-se que certa imagem encontrada num córrego por um caboclo retornava à correnteza sempre que era dali retirada. Incrédulo, um político local teria abrigado a imagem numa igreja. No dia seguinte, ela voltou a ser encontrada no córrego, com marcas do caminho em seu manto. Esse percurso, segundo fiéis, é o que até hoje se realiza durante a romaria do Círio de Nazaré, acompanhada todos os anos, no segundo domingo de outubro, por multidão superior a 1 milhão de pessoas.

ORAÇÃO

Ó Maria Santíssima, Senhora da Penha, em cujas mãos Deus depositou os tesouros das suas graças e favores. Eis-me cheio de esperança, solicitando com humildade a graça de que hoje necessito, pela qual sou grato desde este momento. [Fazer o pedido.] Enxugai o pranto das pessoas que sofrem e consolai os aflitos em suas necessidades. Tudo isso vos pedimos por Jesus, vosso Filho e nosso irmão. Amém!

NOSSA SENHORA DA PENHA

Conta-se na Espanha que, por volta do ano 1400, um monge chamado Simão Vela sonhou que encontraria a imagem de uma santa no alto de um morro onde franceses haviam se escondido outrora. Por cinco anos, procurou pelo lugar até que finalmente o encontrou no alto do Morro Penha de França, no norte do país. Simão nunca mais deixou o morro, onde ergueu a igreja que originou um dos maiores santuários católicos do mundo. Desde que Simão encontrou a imagem, muitas curas milagrosas foram atribuídas a Nossa Senhora da Penha, também conhecida como Penha de França, por conta do local onde foi encontrada. No Brasil, a santa é padroeira do Espírito Santo, onde se construiu a primeira igreja em sua homenagem, e seu culto é popular também no Rio de Janeiro e em São Paulo. Por esta cidade, diz uma história antiga, um viajante francês passou com uma imagem da santa e parou no Morro Aricanduva para descansar. No dia seguinte, continuou seu trajeto, mas deu pela falta da imagem. Voltou ao morro e lá estava ela. Na parada seguinte, notou novamente que lhe faltava a santa. E no Morro Aricanduva foi encontrá-la. O fato repetiu-se outras vezes, e ele resolveu erguer uma capela em louvor a ela naquele lugar. A imagem foi mais tarde levada para a matriz da Penha. Apesar de a Santa Sé não aceitar, Nossa Senhora da Penha é tida por muitos como padroeira da capital paulista.

ORAÇÃO

Deus, nosso Pai, nós vos agradecemos porque nos destes Maria como nossa Mãe e refúgio nas aflições. Socorrei-nos, dia e noite, ó Mãe do Perpétuo Socorro. Ajudai os doentes, e os aflitos vinde consolar! Vosso olhar a nós volvei e vossos filhos protegei. Ó Maria, dai saúde ao corpo enfermo, dai coragem na aflição, sede a nossa estrela-guia na escuridão. Socorrei-nos, amparai-nos e dai-nos hoje a graça que vos pedimos. [Fazer o pedido.] Amém!

NOSSA SENHORA

DO PERPÉTUO SOCORRO

Foi na ilha de Creta, no século 15, que o artista grego Andréas Ritzos retratou a mãe de Deus. Numa pintura sobre madeira, em estilo bizantino, Maria aparece segurando o Menino Jesus, que observa, meio assustado, dois arcanjos mostrando-lhe os elementos de sua Paixão. Gabriel e Miguel flutuam perto da cabeça de Maria. Há quem diga que o grego reproduziu um quadro pintado por São Lucas. Escritos contam que o quadro foi parar nas mãos de um comerciante desonesto, que pretendia vendê-lo em Roma. A caminho da capital italiana, seu navio afundou e ele morreu no naufrágio. A viúva do comerciante guardou a obra. Quando ela morreu, a Virgem apareceu para a filha do casal pedindo que o quadro de Nossa Senhora do Perpétuo Socorro fosse colocado numa igreja de Roma, entre as basílicas de Santa Maria Maior e São João Latrão. A menina disse ainda que ouvira da própria Virgem o nome Perpétuo Socorro. O quadro foi colocado na igreja de São Mateus, na capital italiana, e lá ficou por quase três séculos. Nossa Senhora do Perpétuo Socorro voltou a ser venerada no final do século 18, em templo erguido no Monte Esquilino, na Itália. No Rio de Janeiro, a história da santa está contada numa pintura feita na paróquia do bairro do Grajaú. O estado do Rio divide com o Paraná o maior número de devotos desta santa no país.

ORAÇÃO

Querida Senhora da Piedade, fonte de infalível ajuda, vosso coração compassivo conhece o remédio para todas as aflições e misérias que encontramos nesta vida. Ajudai-nos com suas preces e intercessões para que encontremos uma cura para os nossos problemas e necessidades. [Fazer o pedido.] Ó minha amada Mãe, eu imploro e desejo ser um melhor cristão, observar melhor as leis de Deus, ser mais consciente das minha obrigações, de meu estado, e lutar para ser uma fonte de coragem neste nosso mundo de hoje. Nossa Senhora da Piedade, estai sempre presente para mim, e que através de vossa intercessão possa eu me alegrar com a saúde do corpo e a paz da mente e crescer na fé e no amor de vosso Filho Jesus.

NOSSA SENHORA
DA PIEDADE

São chamadas de Nossa Senhora da Piedade as imagens da Virgem que aparecem com Jesus morto em seus braços, cena tocante da Paixão de Cristo. Essa representação da santa foi fartamente reproduzida durante o Renascimento e ainda tem muitos fiéis na Europa. No Brasil, é especialmente venerada em Minas Gerais, estado que a tem como padroeira. Naquela região, seu culto foi introduzido, provavelmente, pelos bandeirantes. Acredita-se que seu primeiro santuário tenha sido erguido na atual cidade de Barbacena. Na Serra da Piedade, no trecho próximo de Caeté, está até hoje o maior centro de visitação à Virgem. Conta-se que no século 18 um arquiteto português chamado Antônio da Silva Bracarena, fugitivo de perseguições do Marquês de Pombal, prometeu construir uma igreja em honra a Nossa Senhora da Piedade, se fosse bem-sucedido. Seu desejo se fortaleceu ao saber que uma menina muda de nascença começara a falar depois de avistar a imagem da santa no alto de uma montanha. Foi nesse lugar que Bracarena ergueu a igreja adornada com uma imagem de Nossa Senhora em tamanho natural, encomendada a um artesão da cidade do Porto, Portugal. Bracarena viu sua obra terminada em 1770 e, quando morreu, foi enterrado embaixo da imagem. Até hoje vários milagres são atribuídos a essa imagem, e aquele local passou a ser chamado de Serra da Piedade.

ORAÇÃO

Nossa Senhora dos Prazeres, nossa mãe querida, lembrando-nos de vossas grandes alegrias – a Anunciação do Senhor, a visita à vossa prima Santa Isabel, o nascimento do Menino Deus, a veneração dos Magos ao vosso divino Filho, o encontro de Jesus no Templo, a Ressurreição de Cristo e a vossa gloriosa Assunção –, queremos pedir vossa intercessão por nós e pelas nossas famílias junto a Deus. Que Ele nos livre das doenças e dos perigos, do desemprego e da desunião. Nossa Senhora dos Prazeres, ajudai-nos a sermos bons seguidores de vosso adorado Filho, lendo e refletindo a Bíblia Sagrada, alimentando-nos de Jesus na Eucaristia e participando ativamente de nossa comunidade. Queremos viver o mandamento do amor para com todos e caminhar em nossa vida dentro da justiça, colaborando para a construção da paz e da fraternidade. Amém.

NOSSA SENHORA

DOS PRAZERES

Apesar de Maria ter passado por muitas dificuldades, não foram só dores e sofrimentos que marcaram a vida da Mãe de Jesus Cristo. Afinal, ela foi a eleita por Deus para carregar em seu ventre o Salvador. Esta imagem é uma invocação de sete alegrias de Nossa Senhora, Mãe de Deus: 1) a Anunciação de que seria mãe do filho de Deus; 2) a saudação de Santa Isabel; 3) o nascimento de seu divino Filho; 4) a visita dos Reis Magos; 5) o encontro com Jesus no templo da Terra Santa depois de três dias de busca; 6) a primeira aparição de Cristo após a Ressurreição; e, por fim, 7) a coroação da Mãe de Deus no Céu, após sua gloriosa Assunção. Para representá-la, a imagem de Nossa Senhora dos Prazeres traz sob os pés sete flores (ou sete cabeças de anjos). Em Portugal, diz-se que, na cidade de Alcântara, uma menina teria sido presenteada com uma visão da Virgem. A santa a teria aconselhado a avisar a todos que erguessem em determinado lugar uma igreja à Senhora dos Prazeres, de onde sairia água milagrosa. O pedido da Virgem foi atendido e, garante-se, água milagrosa de fato jorrou dali. No Brasil, várias são as igrejas em sua homenagem. A mais famosa está no Monte Guararapes, perto de Recife. A virgem é tida também como padroeira de Maceió, em Alagoas.

ORAÇÃO

Salve, Rainha dos Céus e Senhora dos Anjos. Salve raiz, salve porta que deu passagem à nossa luz. Alegra-te, Virgem gloriosa, entre todas a mais bela; salve, agraciada donzela, rogai a Cristo por nós. [Rezar durante a montagem do presépio e fazer o pedido por um ano bom.]

NOSSA SENHORA

DO PRESÉPIO

Imagens de Maria que aparecem ao lado de José, do Menino Jesus e dos três Reis Magos são reconhecidas como de Nossa Senhora do Presépio. O mérito de ter divulgado o presépio é de São Francisco de Assis. Regressando a Roma certa vez, perto do Natal, São Francisco parou na casa de um amigo. Ali, lembrou que seria uma boa homenagem ao Senhor reproduzir o local em que Ele nascera, com a chegada dos três Reis Magos e também um burrico. O ilustre anfitrião rapidamente fez a vontade do santo, mas o fez em segredo. Na noite de Natal, para alegria de São Francisco, convidou os pobres e os religiosos da cidade para a comemoração e iluminou o presépio com muitas velas. A tocante cena ganhou fama, e os artesãos da região passaram a reproduzi-la, acrescentando outros animais (em homenagem a São Francisco). No Brasil, o hábito de reproduzir o nascimento de Cristo em presépios data de cerca de 1600. A partir daí, a tradição espalhou-se por todo o país e gerou um sem-número de belíssimas exposições.

ORAÇÃO

Virgem Senhora do Rocio, Mãe, Protetora e Rainha do Paraná, aqui estão os vossos filhos e filhas para invocarem o vosso santo nome e a vossa gloriosa proteção sobre o povo do nosso estado. Abençoai as nossas famílias, os nossos governantes, a nossa infância, a nossa juventude, os nossos idosos, os nossos pais e os nossos filhos. Abençoai os doentes e aflitos, os esquecidos pelo mundo onde a paz, o amor e a justiça dos homens ainda não se manifestaram. Abençoai, ó Mãe querida, a caminhada do nosso povo rumo ao novo milênio para que o Reinado de Deus, na unidade do Cristo Jesus e pela força vivificadora do Espírito, se instale nos corações e na alma dos vossos filhos de todos os rincões deste pedaço do Brasil. E que a graça abundante do Pai nos transforme nos verdadeiros mensageiros do mundo novo que há de vir, na comunhão da Santíssima Trindade e na grandeza da fé professada por todos os vossos filhos. Virgem Senhora do Rocio, rogai por nós. Amém.

NOSSA SENHORA
DO ROCIO

A devoção a Nossa Senhora do Rocio, padroeira do Paraná, data dos idos de 1600. Começou no litoral daquele estado, mais especificamente na cidade de Paranaguá, onde outrora viviam os índios carijós. Foi ali também que viveu o Pai Berê, pescador de pele escura (não se sabe se negro ou índio), que teria encontrado a imagem da santa em uma de suas pescarias, organizando em torno dela rezas de terço que ficaram famosas. Outra versão diz que ele encontrou a imagem entre as chamadas "rosas loucas", um roseiral que exalava maravilhoso perfume durante a noite. Tanto o roseiral quanto o local da pesca ficam na região do Rocio, daí o nome da santa (que muitos pronunciam Rócio, equivocadamente). Vários milagres e curas são atribuídos à santa, que ganhou igreja e santuário no bairro do Rocio, em Paranaguá, no ano de 1813. A origem européia desta santa remonta ao século 15, quando a palavra "rocio" era usada na acepção de "orvalho". Na Andaluzia – região da Espanha úmida como o litoral paranaense, no sul do Brasil – um caçador encontrou imagem de Nossa Senhora que despertou imensa devoção. Ela comove até hoje milhares de fiéis na Andaluzia e também em Portugal. Apesar de a Nossa Senhora do Rocio brasileira ter o mesmo nome das santas espanhola e portuguesa, seu culto não tem relação com a vinda ao país dos imigrantes europeus.

ORAÇÃO

Nossa Senhora do Rosário, dai a todos os cristãos a graça de compreender a grandiosidade da devoção do santo rosário, na qual à recitação da Ave-Maria se junta a profunda meditação dos santos mistérios da vida, morte e ressurreição de Jesus, vosso Filho e nosso Redentor. São Domingos, apóstolo do rosário, acompanhai-nos com a vossa bênção na recitação do terço, para que, por meio desta devoção a Maria, cheguemos mais depressa a Jesus, e como na batalha de Lepanto, Nossa Senhora do Rosário nos leve à vitória em todas as lutas da vida. [Fazer o pedido.] Por seu Filho, Jesus Cristo, na unidade do Pai e do Espírito Santo. Amém.[Depois da oração deve-se rezar um rosário.]

NOSSA SENHORA
DO ROSÁRIO

Foi o religioso português Domingos de Gusmão que viu uma imagem dessa Virgem, no século 13. A santa lhe ensinou um método para rezar, e assim, conquistar novas almas para a Igreja. Os ensinamentos de Nossa Senhora deram origem ao rosário: os fiéis rezam seguidamente três terços, com meditações sobre a vida, a morte e a ressurreição de Cristo. Como cada terço é um conjunto de cinqüenta Ave-Marias e cinco Pais-Nossos, a nova e longa oração de fato arregimentaria um número grande de novos fiéis. Admirado com o resultado, o religioso fundou a ordem dos Irmãos Pregadores, que ficou mais popular como Ordem dos Dominicanos. Seus seguidores tinham como principal meta propagar o uso do rosário. Trazido ao Brasil pelos missionários, o rosário foi uma forma de ganhar adeptos para a religião católica.

ORAÇÃO

Virgem Puríssima, que sois a Saúde dos Enfermos, o Refúgio dos Pecadores, a Consoladora dos Aflitos e a Despenseira de Todas as Graças, na minha fraqueza e no meu desânimo apelo hoje para os tesouros da vossa divina misericórdia e bondade, e atrevo-me a chamar-vos pelo doce nome de Mãe. Sim, ó Mãe, atendei-me em minha enfermidade, dai-me a saúde do corpo para que possa cumprir os meus deveres com ânimo e alegria, e com a mesma disposição sirva a vosso Filho Jesus e agradeça a vós, Saúde dos Enfermos. Nossa Senhora da Saúde, rogai por nós. Amém.

NOSSA SENHORA
DA SAÚDE

São muitas as representações de Nossa Senhora da Saúde mundo afora. Ao que tudo indica, a mais antiga foi esculpida no México em 1538 pelos índios da tribo Patzcuaro. A mesma santa passa a ser venerada em Portugal em 1569, época em que uma epidemia de peste negra assolou o reino. Assustados com a doença que levava milhares de pessoas à morte, o povo recorreu à Mãe de Deus com procissões, orações e penitências. Um ano mais tarde, houve sensível redução na mortalidade em Portugal, e Lisboa ganhou imagem e procissão em agradecimento à santa, que foi denominada Nossa Senhora da Saúde. No Brasil, a veneração à santa desembarcou com os portugueses. Em 1874, a cidade mineira de Poços de Caldas ganhou o nome de Vila da Nossa Senhora da Saúde das Águas Caldas, por sua água sulfurosa de poder curativo. Apesar do nome, a cidade só ganhou uma imagem da Virgem em 1887, depois que um fazendeiro muito rico se curou graças às propriedades medicinais das águas do local. Essa imagem está até hoje na igreja de Santo Antônio, uma das principais da estância mineira.

ORAÇÃO

Mãe Rainha e Vencedora Três Vezes Admirável, mostra-te Mãe na minha vida. Toma-me nos teus braços toda vez que sou frágil. Mostra-te Rainha e faz do meu coração o teu trono. Reina em tudo que eu fizer. Eu te corôo como Rainha dos meus empreendimentos, dos meus sonhos, dos meus esforços. Mostra-te Vencedora do meu dia a dia, esmagando a cabeça da serpente do mal em toda tentação. Vence em mim o egoísmo, a falta de perdão, a impaciência, a falta de fé, de esperança e de amor. Tu és três vezes admirável e eu sou mil vezes miserável. Converte-me, Mãe, para a glória do teu Filho.

VENCEDORA TRÊS VEZES ADMIRÁVEL DE SCHOENSTATT

Schoenstatt, que significa "belo lugar", é o nome de uma cidade alemã onde, em 1914, um grupo de alunos liderados pelo padre José Kentenich fez uma aliança de amor em Cristo. Por essa aliança, Maria foi venerada como vencedora (por ter superado todas as dificuldades de sua vida) três vezes admirável pela grandeza de sua posição junto à Trindade (por ter sido eleita a Mãe de Deus, preferida do Pai e esposa do Espírito Santo). A partir dessa cidade alemã, imagens da santa foram enviadas para todo o mundo. Quem recebe uma dessas imagens tem de tornar sua casa um lugar melhor – em todos os sentidos –, para fazer justiça ao lugar de onde ela vem. No Brasil, a primeira imagem peregrina chegou na cidade de Santa Maria, no Rio Grande do Sul, em 1948. A partir de então, espalhou-se a força da imagem e da novena de Nossa Senhora de Schoenstatt. Há santuários brasileiros para a Virgem em Minas Gerais, São Paulo, Paraná, Rio Grande do Sul e Rio de Janeiro. Só em São Paulo, mais de 50 mil lares recebem a visita da santa.

ORAÇÃO

Nossa Senhora da Vitória, se teu nome nos lembra a guerra, a discórdia e a desunião, tua vida nos recorda a esperança e a paz! Nossa Senhora da Vitória, teu nome é doce. Teu nome é suave. Ele nos traz forças. Ele nos reforça a fé. Nossa Senhora da Vitória, em nosso mundo há tantas lutas. Os homens lutam por idéias, por bens e por fama, por ganância, por ódio, ambição. Os homens lutam sem saber por que lutam. Mas, tu, Maria, Mãe de Deus e nossa Mãe, tu que viveste o silêncio de Nazaré, tu que viveste a incerteza de Belém, tu que viveste a angústia do desterro no Egito, tu que buscaste teu Filho entre os mestres no Templo, tu que permaneceste de pé junto à cruz de teu Filho, tu que, no cenáculo, aguardaste a vinda do Espírito Santo, ensina-nos a trabalhar pelo bem sobre a guerra, ensina-nos a não retribuir a violência ou a traição, ensina-nos, enfim, Virgem Maria, a perdoar e perdoar sempre. Santa Maria, Mãe de Deus e nossa Mãe, Senhora da Vitória, roga a Deus por nós. Amém.

NOSSA SENHORA DA VITÓRIA

Em 1549, quando o primeiro governador-geral do Brasil, Tomé de Souza, chegou a Salvador, ali encontrou uma igreja em homenagem a Nossa Senhora da Vitória. Diz-se que foi erguida por um português que naquelas terras vivera tranqüilamente até o dia em que a região sofreu uma invasão de indígenas. Depois de pedir proteção à Virgem Maria, o português venceu a batalha, construiu a igreja na localidade e lá continuou até o fim de seus dias. História parecida inspirou a construção da igreja e da Vila de Nossa Senhora da Vitória, no Espírito Santo, em 1551. A capela foi erguida ali por Vasco Fernandes Coutinho em agradecimento à proteção dada pela Virgem durante dura batalha com os índios goitacazes. A vila transformou-se na cidade de Vitória, da qual a santa é a padroeira. O culto a Nossa Senhora da Vitória é especialmente popular nas vilas do Nordeste fundadas no período da colonização. Em São Luís do Maranhão, conta-se que durante uma batalha, em 1662, a santa teria transformado pólvora dos holandeses em areia branca, para alegria dos brasileiros, que assim venceram o conflito.

AGRADECIMENTOS

Sem a ajuda das pessoas nomeadas a seguir este livro não seria possível. A João Oswaldo Leiva Filho, minha inspiração, sempre. João Francisco e João Henrique Chagas Leiva, minhas alegrias. Léa Antonietta de Bartolo Chagas, Carmo Ribeiro Chagas e Juliana de Bartolo Chagas, meus portos seguros. A Bruno Zeni, pelo cuidado atencioso ao texto deste livro, a Rita da Costa Aguiar e Rica Ramos, pela beleza do projeto gráfico e das ilustrações. À colaboração amiga de Ana Maria Domingues Bellizia, Maria de Oliveira Franca, Ana Paula Franca Ramos, Silvia Rizzo, Dinorá Luciano, Marylize Duarte Amaral, Gilda Telles, Cândida Maria Chagas, Carlos Graieb, JD Vital e Marcelo Arantes Goulart Cançado (portal "Cadê Meu Santo"). À grande companhia de Mariana Murad Leiva e de Marcela de Bartolo Chagas César Rodrigues. Ao apoio constante de Vânia Ferreira Dias, Karla Patricia Cavaignac Nastari Pacheco Machado, Claudia Fontoura, Marilena Rodrigues Leiva, Maria Fernanda Leiva, Mariza Gerdulo, Ana Paula Souza, João Paulo Leiva, Henrique Siqueira, Rodrigo Manzano, Ésper Leon, Annamaria Marchesini, Ana Paula Franzoia, Silvia Rogar, Maria Regina Natel Pimentel, Kelly Cruz, Vera Lúcia Araújo dos Santos, Crispiniana Ferreira Bispo dos Santos, Miguelita do Nascimento Gomes, Wilma de Araújo Costa e Rafael Longo. À aposta e ao carinho de Luciana Maia.

BIBLIOGRAFIA

Edésia Aducci. *Maria e Seus Títulos Gloriosos.* 3ª ed. São Paulo: Loyola, 2003.

José Benedito Alves. *Os Santos de Cada Dia.* São Paulo: Paulinas, 2000.

D. Paulo Evaristo Arns. *Santos e Heróis do Povo.* São Paulo: Letras & Letras, 1996.

Ariadne Guimarães e Ana Lúcia Proa. *O Livro dos Santos.* Rio de Janeiro: Ediouro, 2000.

Nilza Botelho Megale. *Invocações da Virgem Maria no Brasil.* 6ª ed. Petrópolis: Vozes, 1979.

Portal Paulinas online: www.paulinas.org.br (consultado entre os dias 10/6/2006 e 5/7/2006).

Este livro foi impresso
em maio de 2007 pela
Lis Gráfica sobre papel
couché fosco $115 g/m^2$
com fotolitos fornecidos
pela Publifolha